L_n 27
L_n 20298.

INAUGURATION
DU MONUMENT

ÉLEVÉ A LA MÉMOIRE

DE

SALVATORE VIALE.

BASTIA
IMPRIMERIE FABIANI.

1865.

Procès-verbal constatant l'inauguration.

L'an mil huit cent soixante-cinq, le vingt-deux janvier à Bastia ;

Nous soussignés, Philippe Caraffa bibliothécaire, Antoine Fabiani avocat, François Castellini premier commis à la Direction des douanes, et Antoine Raffaelli ancien magistrat, tous demeurant à Bastia, nous sommes rendus au cimetière de cette ville, et nous y avons dressé le présent procès-verbal, en déclarant et constatant ce qui suit :

Salvatore Viale, Conseiller honoraire et Chevalier de la Légion d'honneur, né à Bastia le six septembre mil sept cent quatre-vingt sept, est décédé le vingt-trois novembre mil huit cent soixante-et-un.

Aussitôt après sa mort, une commission composée de nous-mêmes, et de M. le Président Pie Casale, qui est en ce moment empêché pour cause de maladie, a été instituée, à l'effet d'élever un monument à la mémoire de Viale.

Il laissait effectivement des souvenirs trop honorables, pour ne pas mériter ce témoignage public d'estime et de respect.

Il en a été jugé digne à plusieurs titres; au titre surtout d'illustration littéraire de la Corse, et de poëte national, dont les vers sont devenus populaires et qui même en persiflant les préjugés et les erreurs, n'avait pour objet que de corriger et d'adoucir les mœurs du pays.

La Commission s'empressa d'ouvrir des souscriptions dans tous les arrondissements de la Corse, en faisant appel aux sentiments inspirés par la bonté de cœur et les écrits de Viale. Ses concitoyens ont répondu à cet appel par de nombreuses offrandes qui nous ont mis à même de faire construire, dans les conditions convenables, un Sarcophage en marbre surmonté de son buste, œuvre l'un et l'autre du sculpteur Lazzarini de Carrare.

Ce monument portant l'inscription suivante : AL SUO POETA SALVATORE VIALE LA CORSICA vient d'être élevé dans le cimetière de Bastia sur l'emplacement à ce destiné et gratuitement concédé par la Commune. Il renferme la dépouille mortelle de Salvatore Viale, transférée et déposée dans l'intérieur du Sarcophage, par les soins de son neveu germain M. Paul Augustin

Viale, avec le consentement de la famille Viale, et à la condition qu'en cas de déplacement du monument, les restes de son Oncle seraient rendus aux héritiers.

C'est aujourd'hui que l'on a procédé à l'inauguration de ce monument, et que le buste placé sur le Sarcophage a été découvert, et exposé aux regards du public.

De nombreux spectateurs, réunis au pied du monument et assistant à la cérémonie dans l'attitude de respect religieux, ont laissé paraître leur émotion à la vue de l'image du Poëte national.

M. le Vicaire général et Curé Guasco, se trouvant indisposé et ne pouvant, ainsi qu'il nous en a témoigné le regret, assister à cette œuvre de piété patriotique, et venir lui-même bénir le tombeau de Viale, a délégué pour cet objet son premier Vicaire M. l'abbé Peretti, lequel, après avoir procédé à la Cérémonie religieuse, a lu au nom de M. le Curé Guasco un discours très-édifiant, qui avait été préparé par ce dernier, et qui est aussi honorable pour l'éminent orateur que pour l'illustre défunt.

M. Joseph Tarigo, Premier Adjoint municipal, délégué par M. le Maire empêché, ainsi que MM. Fabrizj conseiller à la Cour, De la Rossat capitaine des Douanes en retraite, Casevecchie Philippe juge de Paix, Casevecchie Jacques-Félix commis principal des Douanes, Battesti ancien bâtonnier de l'Ordre des avocats, Casabianca docteur médecin, ancien magistrat, Padovani docteur médecin, Grimaldi Casta notaire, Guelfucci conducteur des Ponts-et-Chaussées, les frères Lucciana professeurs au Lycée, Prelà Jules officier des grenadiers, l'abbé Mazzola curé, les abbés Ristorcelli et Torre, Antoine-Bénoît Santelli ancien commissaire de Police, Semidei François employé à la Mairie, Mariani garde du Génie militaire, Soliva Charles greffier à la Cour, et plusieurs autres personnes honorables, ont par leur concours donné plus d'éclat à l'inauguration du monument.

De tout quoi nous avons dressé procès-verbal en présence des personnes susnommées qui, après lecture faite, ont signé avec M. Viale Paul-Augustin, M. le Vicaire Peretti et avec nous Membres de la Commission.

(Suivent les signatures.)

Discours du Vicaire général Guasco.

Un pubblico e solenne omaggio doveasi, o Signori, alla cara e venerata memoria di Salvatore Viale, ch'è quanto dire dello Scrittore esimio, del Magistrato integerrimo, dell'ottimo cittadino, che col chiaro suo ingegno, e i suoi patriarcali costumi crebbe tanto splendore alla patria, e fu uno de' suoi più begli ornamenti.

Rappresentanti della nostra città, e dell'Isola intiera, noi veniamo oggi a soddisfare al comun debito, dedicandogli in questo sacro ricinto un monumento che dirà ai posteri qual fosse l'uomo di cui piangiamo amaramente la perdita. — Nè sarà già qui fuor di proposito rammentar, tra i molti suoi titoli, quelli che meritarono all'illustre defunto questa pubblica testimonianza di gratitudine, di stima e di amore.

So ben io, Signori, che non sempre da pura fonte procedono gli elogi fatti sopra i sepolcri. V'ha pur troppo di quei che preconizzano le virtù ideali dei morti per lusingare la ridicola vanità dei viventi; onde conviene a cotesti servili panegiristi far uso dei mentiti colori dell'arte, spacciando per oro ciò che è vil rame dorato.

Per me io non temo di essere contraddetto da chicchessia quando io affermo che nel Viale si trovarono raccolti tali pregi e tanti, che ancor divisi, basterebbero ad onorare e a perpetuar la memoria di chi avesse la sorte di possederli. E quando io dico pregi, intendo parlare dei proprii e personali, non dei derivati e degli avventizii. Non v'è necessità di metter le mani nell'altrui erario per arricchire chi è ricco abbastanza del suo.

Certo, se i doni della intelligenza passassero in retaggio come quelli della fortuna; se dov'è comunione di sangue, comunione altresì vi fosse di gloria, io non avrei, per crescer vanto al nobile trapassato, che a citare i nomi dei sì ragguardevoli suoi Congiunti che furono riputati già degni di seder sulle cattedre più eminenti, di occupare i posti più elevati, di esercitare le cariche più luminose, di trattar presso Corti sovrane i più gravi negozii, di servir d'istrumento in quei pubblici Atti che mettono sempre più in chiaro la forza soavissima che la Chiesa ebbe in dote dal suo divin Fondatore. E qui voi comprendete, o Signori, che io voglio designare in ispecie il mitrato Germano del nostro insigne poeta, quel chiarissimo Personaggio, avuto già in sì alto concetto dai primi Potentati di Europa, venerato in tutta l'ampiezza del mondo cattolico, i cui meriti segnalatissimi lo elevarono all'onor della porpora, come lo avrebbero forse anche promosso più tardi all'onor del triregno, se il Cielo non l'avesse tolto sì presto alla terra. Non pretendo già io che il nostro gran letterato entri a parte di tanta gloria, quantunque ne sia egli stato, se ben si considera, la prima e feconda sorgente. Imperocchè, rapito che fu il genitore in età, tuttavia immatura, ai viventi, sottentrò egli in luogo di padre presso i minori fratelli. Fu egli che con amorosa sollecitudine prese a coltivarne lo spirito e il cuore; egli che diede la mossa, che gli avviò nella carriera da essi poi sì gloriosamente percorsa, che aprì loro il sentiero della celebrità da essi poi sì meritamente acquistata. A lui dunque son debitori in gran parte dei lor successi, come una pianta è debitrice dei frutti che porta, non pure al fertile terreno che la nutrica, ma eziandio alla mano industriosa che l'ha coltivata.

Ma che che sia di ciò, a me basti ricordar che il Viale fu uno dei più eleganti e purgati scrittori del nostro secolo, che fu profondo critico, perito retore, ma sopratutto valente poeta; poeta or serio e grave, or lepido e giocoso, ma sempre grande; superiore a quanti nell'Isola nostra gli furono coetanei, inferiore a niuno di quelli che lo han preceduto. La sua erudizione fu tanto varia quanto solida. Niente meno felice dell'intelletto, la sua memoria si mantenne sì vegeta negli anni caduci come era nei giovanili.

Diverse poi eran le lingue che possedeva e parlava correttamente come se fossero state native. Quella però che amava meglio di tutte, era l'aurea lingua della schiettezza, ch'ei parlò sempre coll'accento della grazia e della bontà. Bastava aver conversato con lui una volta per iscoprire in quella bell'anima la semplicità antica e il primitivo candore.

Mancarono al Viale le pure gioie della paternità, ma non gliene mancarono i pesi e le cure; e ben lo sanno i virtuosi nepoti che, rimasti orfani dei carissimi lor genitori, in lui trovarono un maestro, un protettore, un amico, o per dir meglio, trovarono in lui il cuor di una madre!

Ma per quanto fosse tenero l'amor dei congiunti, ch'egli teneva in luogo di figli; per quanto tenero l'amor degli amici che gli erano sommamente cari, non già per quello che rendono, ma sì bene per quello che vagliono, nè l'uno nè l'altro potè prevalere sopra un amore di lunga mano più nobile, e per conseguenza più degno della grand'anima che era la sua. Il Viale amò principalmente la patria, e l'amò di un amor ardente attivo infatigabile; l'amò quanto una madre amabilissima può essere amata da un amantissimo figlio. Questo amore traluce nelle sue opere, e ben può dirsi che esso ne fu la cagione determinante; ben può dirsi che la patria fu la sua musa. Tale era per lei il suo culto, che se avesse vissuto nel tempo della guerra così detta della Indipendenza, egli sarebbe stato il Tirteo della Corsica, come ne fu poscia l'Aristofane, quando ne'suoi drammatici componimenti ed in varie altre sue opere, ora osava sferzare *l'alta Polizia* e gl'inetti suoi agenti, ed ora lanciava contro i volgari pregiudizii, e specialmente contro il falso punto d'onore, così funesto allora nella nostra Isola, l'acuto strale della ironia e della rampogna sì ben temprato dalla grazia degli arguti concetti. Nè io so esprimere quanto gli stesse a cuore il progresso di questa patria a lui sì cara; con quanto ardore desiderasse che insiem cogli ameni e i severi studii, vi rifiorissero gli antichi costumi; con quanto zelo spronasse le giovani intelligenze dove egli avea scoperto una scintilla di questo bel fuoco, acciocchè concorressero operosamente con lui ad affrettare il ritorno di quella età felicissima che era lo scopo degli ardenti suoi voti. Virtù tanto più commendevole, quanto più rara in un secolo di cupidigia e di egoismo, dove l'amor della patria è bene spesso sopraffatto da quello dell'individuo, e i pubblici interessi son condannati a cedere per le più volte il luogo ai privati.

Del rimanente quanto valesse il nostro immortale Compatriota, ben si può argomentare dal duolo di cui diede sì chiare attestazioni ogni ordine di persone quando ei disparve. Voi foste, o Signori, per quel gran colpo i primi feriti, ma non foste i primi a dolervi. Una voce più alta, e permettete che io aggiunga, più autorevole ancor della vostra, voce sovrana, voce che sola forma grido di gloria, fu la prima a compiangere questa perdita, la prima a dolersene. La voce pubblica intonò il lutto, e voi la seguitaste; e con voi, ma non con minore afflizione di voi, se ne rammaricò la Corsica tutta quanta. Non è cosa ordinaria che alla perdita di un cittadino, tutto colmo ch'egli sia di merito, ciascun si accordi in un medesimo sentimento. In un gran coro di voci è ben difficile, che non si trovi chi non distuoni dagli altri, o chi almeno non tacciasi; laddove nella perdita del virtuoso Viale non dissonò una sola voce, non una sola si tacque. Tutti ebbero la stessa voce, tutti lo stesso tuono, tutti lo stesso dolore. Così pianse la patria alla morte del suo poeta che, come in un cielo azzurro splende una stella delle altre più fulgida, così spiccava egli nel suo seno, per la dovizia non sol dell'ingegno, ma della virtù. E fu per l'appunto la rimembranza dei pregi che ornavano un cuore qual era il suo, che esacerbò la ferita di quello degli altri.

La modestia, virtù ignota alla comune dei sapienti del mondo, o per lo meno mal praticata, fu tanto familiare e domestica al buon Salvatore, che parve nata con lui gemella ad un parto. E fu questa cara virtù sopratutto che gli cattivò l'amore di quanti il conobbero, e il rispetto perfin della invidia. Nè già poteva essere altrimenti, quando scorgevasi che tanto studio egli metteva a nascondere qualità pellegrine, quanto altri ne mette ad ostentare ancor le volgari.

Mentre la fama di quel chiarissimo letterato, non che divulgata in tutta l'Isola nostra, correva sonora per le straniere contrade, non credeva egli di essere da alcuno conosciuto, da quelli infuori che gli stavan dappresso. Quindi è che non sapeva comprendere donde fosse venuto al suo nome l'onore di essere inscritto nel nobilissimo ruolo degli Arcadi; come avesse potuto meritare gli elogi di uno dei più grandi poeti, se pur non è il massimo, di cui si pregia la Francia; come i primi letterati d'Italia, del Belgio, della Germania, dolenti di non vederlo brillare nelle lor dotte Accademie, lo annoverassero tra i più culti scrittori, e i più ingegnosi poeti del secolo in cui viviamo. Cosa strana, e pur vera! Dotato di una forza sì rara d'intendimento, fornito di un sì ricco corredo di sapienza, e quel che più monta, di un criterio che lo mette in condizione di giudicar sanamente degli altri, sente il bisogno di essere giudicato egli stesso; nè però gli repugna il sottomettere i suoi leggiadri componimenti alla lima di tali uomini ch'egli stima da più di sè, quantunque, a stimarli il loro giusto, non altro eglino possan pretendere che esser suoi discepoli. E ben lo sa Iddio, se qui è lecito porre innanzi il mio nome, la confusione ch'ei mi faceva soffrire, senza volerlo, quando sen veniva colla più ingenua disinvoltura del mondo a consultarmi intorno a materie dove egli era sommo maestro, o a darmi a corregger lavori che io non sapeva far altro che ammirare. Nè già poche sariano le particolarità che io potrei addurre in questo proposito ove fosse mestieri. Non posso peraltro tenermi di citarne anche una che io ho di buon luogo, e che sola basterebbe a dimostrar quanto bassa opinione avesse di se stesso quell'uomo che pur godeva sì alto credito presso di tutti. Allorchè un eminente Magistrato andò ad offrirgli, a nome del Principe, lo stemma proprio, e generalmente sì ambìto, di una onorevolissima legione, non fu senza esitamento, come non fu senza rossore che lo smarrito poeta stese timidamente la mano per riceverlo; ond'è che non fu cosa facile indovinare qual dei due in quella circostanza fosse rimasto maggiormente sorpreso; se l'uno che non avea mai aspirato a un tal fregio, ovver l'altro che non avea mai veduto una tale modestia. Non basta dunque il dire che Salvatore Viale fu uomo di gran sapere; conviene aggiungere che il suo sapere fu di un genere al tutto nuovo; un saper verecondo, rattenuto, guardingo, che sempre teme di non aver solide basi; un saper moderato, rispettoso, prudente, capace bensì di contraddire, ma non di offendere; di essere contraddetto, ma non di offendersi; che ha l'arte di mostrar quel che sa, e non farne mostra; che lo attempera a quelli coi quali conversa, nè mai abusa de' suoi vantaggi o sopra chi non sa, o sopra chi sa meno di lui.

Qui però è da notare, o Signori, che, sebbene le qualità finora accennate possano fornire larga materia di elogio ad un panegirista del secolo, sarebbero sterile argomento per un oratore del santuario, se non fossero state prodotte da un soprumano motivo che avesse lor conferito peso e valore.

Buon per me che neppur qui ho bisogno di usar figure rettoriche, nè di ricorrere a stratagemmi oratorii, per dimostrare che le domestiche e sociali virtù praticate dall'ottimo nostro concittadino ricevettero come la lor consecrazione dalle virtù sovrannaturali e divine che inspira la Fede. Onorato io fin dalla mia più tenera età della sua amicizia, depositario da più anni dei segreti della sua coscienza, so ben io, e al certo meglio di ogni altro, quanto fossero radicate nel suo petto le massime cristiane che il cuor di una provvida e religiosissima madre vi avea trasfuse. Amava è vero, il nostro grande poeta, la bella ed amena letteratura, nè mai cessava però di andar cercando nelle inesauste sue miniere nuovi tesori da aggiungere a quelli che aveva con tante fatiche adunati. Ma se egli dilettavasi nella lettura dei libri dove l'arte s'insegna del bello scrivere, non era meno bramoso di legger quelli dove l'arte si apprende del bene operare. Quindi, il Vangelo, ove si danno regole di morale che non sono, nè possono essere di origine umana, era sovente il dolce subbietto della sua attenta lettura e delle sue meditazioni profonde. Di qua egli apprese a tutte così mortificare e domare le naturali passioni, che non apparve mai all'esterno, non che da quale egli fosse vinto, da quale egli fosse combattuto. Di qua apprese a rimirare con occhio purgato, e a librar con giusta bilancia le misere umane cose, e a riconoscer così in tutti i mondani avvenimenti il governo di una provvidenza sovrana, che è sempre adorabile nei suoi disegni, sebbene incomprensibile nei suoi misteri. Di qua lo spirito di quella umiltà cristiana che lo portò a sentir sì basso di sè, che riputavasi da meno di quelli a cui egli era evidentemente superiore. Di qua in somma apprese a comporre e regolare tutti i suoi atti in veduta del nobilissimo fine a cui fu ordinata la creazione dell'uomo.

Avea io dunque ben ragione di dire, o Signori, che il Viale fu tanto sincero e pio cattolico, quanto buon cittadino. E ben trovò egli il modo di unire insieme l'amor della patria con quel della Chiesa; il culto delle lettere con quello della pietà; la spiritosa vaghezza dei suoi componimenti con la costante esemplarità dei suoi costumi. Ed infatti quanto festivo e scherzevole nel verseggiare, tanto era egli grave e composto nel vivere. La religione, le cui divine bellezze gli furono svelate sin dall'infanzia, non arrossì egli mai di professarla a fronte scoperta ed in faccia a quegli spiriti, che si credono *forti*, perchè hanno il vile coraggio di motteggiarne l'esteriore esercizio; spiriti non saprei dire, se più ignoranti o superbi, che niente sanno, niente vogliono sapere in fatto di religione, per non esser tenuti ad amar la virtù ch'essa inculca, e a detestar il vizio che essa condanna. In una parola, il Viale nacque poeta; crebbe, visse e morì da cristiano. Ecco il compendio della sua vita; ecco titoli più che bastevoli a tramandarne il nome sino alla più remota posterità.

Non è da recar meraviglia pertanto che un uomo, in cui la fede del cattolico gareggiava coll'innato ardor del poeta; un uomo, in cui i disinganni del presente fortificavano le speranze immortali dell'avvenire, non è meraviglia, diceva io, che un uomo di questa tempra fosse sì intrepido in faccia alla morte, davanti a cui son deboli anche i più forti. Quanto più inferma la carne, tanto più era vigoroso lo spirito. Con che istanza richiese egli i conforti della religione! con che gaudio ricevette la visita del divino Consolatore delle anime! con che fervore pronunciò il suo nome adorabile! con che fede implorò la sua assistenza! con che fiducia si abbandonò alla sua infinita pietà! Spettatore di una scena sì commovente non potei imitare la calma di lui che era spettacolo, e quando, poco prima di chiuder gli occhi, egli appressò le fredde sue labbra alle mie, tanto fui io debole nel ricevere quel caro ed ultimo pegno di amore, quanto egli si mostrò coraggioso nel darmelo. Non è certo cosa nuova per me il trovarmi in presenza di un uomo che sta per passare dal tempo all'eternità; e pure non mi sovviene aver mai, nel lungo esercizio del pastoral ministero, veduto fortezza più eroica, agonia più dolce, morte più bella! Vidi ben io apparir sulla fronte del moribondo una leggiera nube che ne turbò un istante la consueta serenità; ma era facil cosa comprendere, esser quella l'indizio del timore del giusto; timore che presto diviene speranza, speranza che convertesi in carità, e che in somma, senza avere la sicurezza di predestinato, ne ha, non so come, tutta la gioia.

Care ceneri benedette, riposate qui in pace sino al giorno del beato risorgimento, quando, deposto il lacero e verminoso manto della putredine, rifiorirete, a guisa di grano eletto che spunta, vivido e rigoglioso, dal sen della terra dove era sepolto.

E tu, Anima grande, tu che già sì amante del bello, sei oggi deliziosamente rapita nella intuitiva visione del Bello eterno, gradisci il tenue ma cordiale tributo che oggi ti offrono i tuoi compatrioti ed amici, nel consacrarti questo pubblico monumento, acciocchè non abbia a cader mai in oblio un nome sì illustre, nè mai si abbia a spegnere una memoria sì onorata. Nell'acerbo dolore della tua perdita, essi trovano un dolce conforto nel rammentare le singolari prerogative, che ti fruttarono una laurea corona e una grande celebrità in terra tra i posteri; un brillante diadema, e una felice immortalità in ciel tra i beati.

Deh ci sia dato di battere sino alla meta il già da te battuto sentiero dell'onore e della virtù; talchè, al sopraggiungere dell'ora estrema, possiamo, secondo il tuo esempio, opporre al ceffo orribile della morte la imperturbabile serenità di una retta coscienza! Ci sia dato di render lo spirito al suo divin facitore, modulando questi dolcissimi versi, inspirati a un amico che ben si potè acquistar la tua grazia, ma non potrà mai aggiustar la tua gloria:

Bello è il morir quando al morir succede
Un bene tal che ogni altro bene eccede.

www.ingramcontent.com/pod-product-compliance
Lightning Source LLC
Chambersburg PA
CBHW070537050426
42451CB00013B/3062